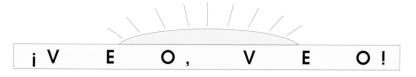

Alimentos

Karen Bryant-Mole

Heinemann Library
Chicago, Illinois

1999 Reed Educational & Professional Publishing
Published by Heinemann Library,
an imprint of Reed Educational & Professional Publishing,
Chicago, Illinois

Customer Service 1-888-454-2279

© BryantMole Books 1997

Designed by Jean Wheeler
Commissioned photography by Zul Mukhida
Printed in Hong Kong / China

03 02 01
10 9 8 7 6 5 4 3 2

Library of Congress Cataloging-in-Publication Data
Bryant-Mole, Karen.
     [Food. Spanish]
     Alimentos / Karen Bryant-Mole
          p.   cm. -- (Veo, veo!)
     Includes index.
     Summary: Spanish text and photographs identify various types of
foods, including types of vegetables, fruits, and dairy products.
     ISBN 1-57572-915-6 (lib. bdg.)
     1. Food--Juvenile literature.˙ [1. Food. 2. Spanish language
materials.] I. Title. II. Series: Bryant- Mole, Karen. Picture
this! Spanish.
TX355.B8518   1999
641.3--dc21   99-10791
                                                        CIP

Acknowledgments
The publisher would like to thank the following for permission to reproduce photographs: Cephas, p. 4 (right); Mick Rock, p. 17 (left); Chapel Studios, p. 16 (right); Zul Mukhida/Tony Stone Images, p. 4 (left); Andy Sacks, p. 5 (right); Annette Soumillard, p.16 (left); Laurie Evans, p. 17 (right); Paul Webster/Zefa, p. 5 (left).

Encontrás unas palabras en negrita, **asi**. El glosario te da su significado.

Contenido

Granjas

Muchos alimentos vienen de granjas.

frutas

cereales

Distintas granjas producen
distintos alimentos.

carne

verduras

Verduras

Hay muchos tipos de alimentos.

col

cebolla

zanahorias

berenjena

Éstas son algunas verduras.

calabacitas

7

Frutas

¿Qué fruta prefieres?

plátanos

ciruelas

duraznos

fresas

naranjas

9

Leche

Los **productos** lácteos se hacen con la leche.

leche

queso

crema

yogur

mantequilla

11

En la cocina

Debemos cocinar algunos
alimentos para comerlos.
Otros podemos comerlos **crudos.**

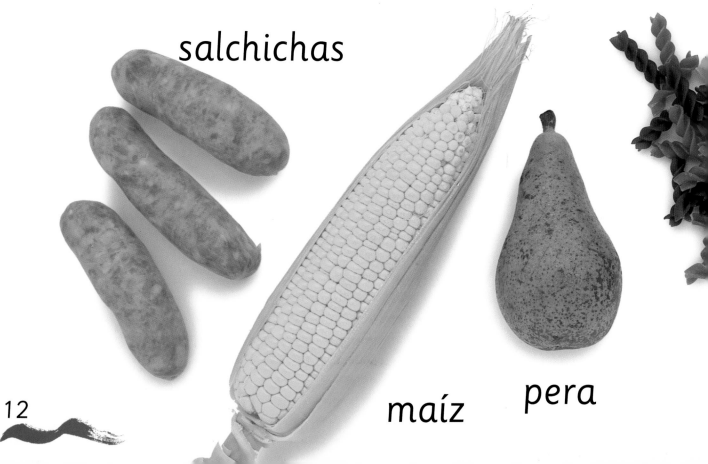

salchichas

maíz

pera

papas

pepino

pasta

¿Cuáles de estos alimentos cocinamos?

13

Ingredientes

Si mezclamos y cocinamos estas cosas, preparamos un pastel.

mantequilla

harina

pasitas

14

Son los ingredientes del pastel.

pastel

azúcar morena

huevos

15

Por el mundo

Éstos son alimentos de distintas partes del mundo.

pizza de Italia

sushi *de Japón*

cari de la India

comida china

17

Para crecer

Tu cuerpo usa los alimentos de distintas maneras.

Estos alimentos te ayudan a crecer.

arroz

pescado

pollo

frijoles

huevos

Te dan energía

queso

Necesitas **energía**
para correr
y jugar.

Estos alimentos te dan
energía.

papas

leche

manzanas

galletas

pan

21

Para estar sano

No te hace bien comer mucha azúcar o grasa.

gaseosa

papitas

hamburguesa
y papas fritas

rosquilla

leche

uisantes

manzana

espaguetis
con salsa

Tienes que comer distintos alimentos
para estar sano.

Glosario

cereales comemos las semillas de estas hierbas especiales. El trigo, el maíz, la cebada, el arroz, la avena y el centeno son cereales.

crudo sin cocinar

energía hace que las personas y las cosas se muevan o funcionen.

productos las cosas que fabricamos

sushi rollitos de arroz envueltos en alga o con pescado crudo encima

Índice